Nooit vergeten

F. Springer

Nooit vergeten

Gevolgd door het gedicht 'Stad', van Willem van Toorn

2002 / Stichting Collectieve Propaganda
van het Nederlandse Boek & Nationaal Comité
4 en 5 mei / Amsterdam

Eerste druk april 2002
Tweede druk april 2002

Nooit vergeten © 2002 F. Springer
'Stad' © 2002 Willem van Toorn

Omslag en typografie: Steven van der Gaauw

ISBN 90 74336 78 7
NUR 301/306

Vooraf

Voorafgaand aan de officiële kranslegging bij het Nationaal Monument op de Dam, wordt op 4 mei traditiegetrouw een herdenkingsbijeenkomst georganiseerd in de Nieuwe Kerk te Amsterdam. De plechtigheid op de Dam en de bijeenkomst in de Nieuwe Kerk vormen samen de Nationale Herdenking. Deze wordt bijgewoond door overlevenden van de Tweede Wereldoorlog en van oorlogshandelingen en vredesmissies na 1945, nabestaanden van oorlogsslachtoffers, H. M. de Koningin, leden van het koninklijk huis en tal van officiële genodigden.

Tijdens de bijeenkomst in de Nieuwe Kerk op 4 mei 2002 heeft de auteur F. Springer zijn voordracht 'Nooit vergeten' uitgesproken. De dichter Willem van Toorn droeg zijn gedicht 'Stad' voor.

Meer informatie op www.4en5mei.nl

Nooit vergeten

Een regel van de dichter Hans Lodeizen:

deze oude vieze wereld
die kun je gerust weggooien...

Simpele woorden die mij vaak te binnen schieten:

deze oude vieze wereld...

Waarom blijft die aardbol van ons gewoon verder draaien terwijl zijn bewoners sinds mensenheugenis hun uiterste best doen om deze planeet en zichzelf het leven onmogelijk te maken? Sinds mensenheugenis, want er is niets nieuws onder de zon, zei Prediker, misschien wel de grootste dichter die ons op schrift is overgeleverd. En willen wij leren van vorige geslachten?

Vergeet dat maar, zou je uit zijn nuchtere, illusieloze woorden kunnen opmaken.

Dichters zijn het geweten van een volk, dus moeten wij goed naar hen luisteren, maar ook Prediker wist, dat er altijd mensen zullen zijn, die tegen de stroom in roeien, die zich verzetten tegen verdrukking, onderdrukking, onrechtvaardigheid; die liefde boven haat stellen, en vrijheid boven alles.

Niet alleen vandaag rijzen uit mijn herinnering gestalten op van mensen die voor mij een soort gids zijn geworden in 'de krankzinnigheid die Leven heet' (zoals de schrijver Marcellus Emants ons bestaan op aarde heeft genoemd).

Bandoeng, Java, 1941. De zorgzame Sitih Soepardjo, afkomstig uit het dorp Batu, leerde mij, wit jongetje van negen, Javaanse liedjes en nog veel meer. Bijvoorbeeld eerbied hebben voor andere hogere machten dan waarmee ik op zondagsschool kennismaakte.

In september 1945, na het aanbreken van de onwezenlijke vrede in Nederlands-Indië, kwam zij mij, scharminkelig ex-logeetje van de Japanse keizer, vruchten brengen bij de poort van het interneringskamp.

'Ik ga naar de bergen', zei ze.

'En zie ik je dan nooit meer?', vroeg ik angstig.

'Nee, nooit meer. Wij gaan vechten tegen de Hollanders, voor onze vrijheid'.

Nooit meer gezien, Sitih, maar nooit vergeten.

Obeth Pattipeme, Papoea, mantri-verpleger in de Baliemvallei op Nieuw-Guinea, geliefd bij de bergbevolking, stond in februari 1962, niet lang voor het einde van het Nederlands gezag over dat eiland, naast het vliegtuigje dat ons gezinnetje naar het toenmalige Hollandia zou brengen.

En hij zei, ten afscheid:

'Wij Papoea's zullen eens vrij worden, wat er ook gebeurt, hoe lang het ook duurt, en wij zullen elkaar terugzien.'

Ik hoor mijn dochtertje nog, dat Obeths been omklemd hield: 'Obeth moet mee, Obeth moet met ons mee...' Later is hij, met andere voorvechters van een Vrij Papoea, vermoord in de jungle.

Obeth Pattipeme, nooit vergeten.

Abdul Rahman, Bengaal, trouw dienaar van het eerste uur in de Nederlandse ambassade in Dhaka, Bangladesh, 1973.

Hij sliep op een rieten matje voor de deur van mijn kamer, gewapend met een stok en een padvindersfluit – en toch niet lachwekkend.

'Dat is echt niet nodig, Abdul'. Hoe vaak heb ik dat niet gezegd, lichtelijk verlegen.

Maar Abdul, vrome moslim, zei:

'Wij zijn zonen van één god. Allah heeft u naar mijn land gezonden en heeft u op mijn pad gebracht. Het is mijn plicht u te beschermen'.

Later, veel later, komt dan het bericht dat hij voorgoed verdwenen is in onvindbare gevangenissen, omdat hij al te luidkeels verkondigde dat de nieuwe, zwaar bevochten onafhankelijkheid van zijn land niet had gebracht wat hij ervan verwachtte.

Abdul Rahman, nooit vergeten.

Teheran, Iran, eind januari 1979. De laatste Sjah verjaagd. Euforie alom, maar ook angstig afwachten, in een gevaarlijk, onberekenbaar machtsvacuüm, op de komst van de nieuwe Grote Leider.

Hoge sneeuw in het noorden van de stad, in de wijk waar tot voor kort Amerikanen, Europeanen en andere buitenlanders vredig en comfortabel woonden. En daar wordt opeens, op een vroege ochtend, de winterse stilte, die onheilspellend en oorverdovend was, verstoord door het onschuldig gesputter van een scooter! Dat is Farhad, met wie ik zoveel gesprekken heb gevoerd. Over de vrijheid om te zeggen en te schrijven wat je wilt; over de vrijheid om te gaan waar je wilt – zonder toestemming van ongrijpbare overheden.

Kortom: over zaken die voor ons hier zulke vanzelfsprekende verworvenheden lijken.

Farhad kwam mij, zigzaggend op zijn scootertje door de sneeuw, brood en melk brengen – en afscheid nemen. Hij zei niet met zoveel woorden dat dit ons laatste gesprek was, maar zijn handdruk, zijn omhelzing, zijn laatste blik spraken duidelijke taal. En mocht ik het nog niet begrepen hebben: alweer op zijn scooter zittend zei hij, bijna achteloos voor zich uit mompelend:

'Ik ga op zoek naar een plek op de wereld waar mijn kinderen vrij kunnen ademen..'

Hij heeft die plek nooit gevonden. De dag na ons afscheid reed hij, in zijn volgeladen auto, weg uit Teheran, maar de vrijheid heeft hij niet bereikt.

Farhad, nooit vergeten.

Nooit vergeten, deze dapperen, maar ook weerlozen, met zo verschillende achtergronden en culturen. Het kan niet anders of ieder van ons koestert herinneringen aan mensen, ver en dichtbij, die het nauw namen met de vrijheid.

En wijzelf? Het kan en mag nooit meer zo zijn, dat je onverschillig-gapend in je geriefelijke leunstoel je schouders ophaalt over wat er gebeurd is of gebeurt of nog te gebeuren staat in Afrika, Azië, Amerika, en in ons eigen Europa. In deze luxe kampong die Holland heet, zijn wij allemaal overal rechtstreeks bij betrokken, en niet alleen zij die deelnemen aan vredesmissies.

Ik wil nog één schim oproepen.

Ik zou zo graag zien dat hier vandaag, in míjn plaats, plotseling *Multatuli* voor u stond, om in bijtende bewoordingen te komen informeren wat wíj hebben onthouden van de allernieuwste geschiedenis, van de geschiedenis die geschreven wordt terwijl wij er bij wijze van spreken bij staan, en die ons op de vrouw en de man af zou vragen:

'Wat hebben jullie eigenlijk sinds mijn vertrek *geleerd*? Behalve dan, wat ik toen al zei, dat de mens een zoogdier is, en meer niet.'

Heel voorzichtig zou ik onze grootste schrijver, staande op dit spreekgestoelte, aan de mouw van zijn geklede jas trekken, en hem een handvol data influisteren – van ver na zijn tijd, maar er is niets nieuws onder de zon – data die hij u in het gezicht zou slingeren!

10 mei 1940 – waar was jij, wat deed je, wat dacht je toen?

20 juni 1943 – de grootste jodenrazzia in Amsterdam – waar was jij, wat deed je, wat dacht je toen?

15 augustus 1945 – waar was jij, en wat dacht je toen?

9 november 1989 – de val van de Muur – waar was jij, en wat dacht je toen?

10 mei 1994 – Nelson Mandela president van Zuid-Afrika – waar was jij, en wat dacht je toen?

11 september 2001 – waar was jij...

De nieuwe generaties, die van de 21ste eeuw, zullen hun eigen dichters hebben en ogenblikken waarop

zij de adem inhouden. Maar ook hun wereld zal gewoon verder draaien, met al zijn goden en mensen,
en uit naam van die nieuwe generaties klamp ik mij
vast aan de slotzin van Lodeizens gedicht:

...alles is rotzooi
maar als we maar
hoop hebben
zolang we maar hoop hebben...

STAD

Achter de stad die je ziet
elke dag, de zo kleurrijke, vrije,
zo klatergouden, ligt altijd de grijze
andere stad. In verglaasd zwartwit

beelden ervan op je netvlies
als je maar kijken wil:
schokkerig bewogen of stil,
verbleekte foto of film. Je weet
niets eens of ze uit jouw ziel,

ook genoemd herinnering, komen
of uit iedereens angstdromen,
vergaard in duizenden boeken,
in museumzalen vol pijn, in hoeken
van zolders die je liever mijdt

om hun geur van afwezige mensen,
van kou en van as. Maar altijd
zijn ze daar op de achtergrond,
de beelden van de stad die dit was,
dezelfde als nu en toch niet.

Zodat je soms middenin een lach
in een zacht plantsoen, een hoerig lied
op een gracht, ineens stilvallen moet
omdat er een donkere stoet
je gedachten binnen trekt, dwars
door je lustige leven heen –

en ontelbare stemmen even
hevig in je hoofd spreken
tegen het groot vergeten.

Willem van Toorn

Vrijheid luistert nauw

Anne van der Meiden

Vrijheid luistert nauw

2002 / Stichting Collectieve Propaganda
van het Nederlandse Boek & Nationaal Comité
4 en 5 mei / Amsterdam

Eerste druk april 2002
Tweede druk april 2002

Vrijheid luistert nauw © 2002 Anne van der Meiden

Omslag en typografie: Steven van der Gaauw

ISBN 90 74336 78 7
NUR 323

Vooraf

De '5 mei-lezing' is onderdeel van het programma van de start van de Nationale Viering van de Bevrijding. Tijdens dit ochtendprogramma wordt het jaarthema in een inhoudelijk en cultureel programma uitgewerkt. Het thema vormt het kader voor de activiteiten die op 5 mei in heel het land plaatsvinden. De start van de Nationale Viering van de Bevrijding vormt de brug tussen de ingetogenheid van de herdenking op 4 mei en de feestelijkheden van de middag en avond van 5 mei.

In 2002 is het ochtendprogramma gerealiseerd in samenwerking met de provincie Zeeland en de gemeente Vlissingen.

Het Nationaal Comité 4 en 5 mei draagt in de jaren 2001 tot en met 2005 het thema 'Vrijheid vraagt verantwoordelijkheid' uit. Vrijheid is nooit vanzelfsprekend, maar vraagt voortdurend een actieve houding van overheid en burgers.

Ieder jaar wordt een ander aspect van het thema belicht. In 2002 ligt de nadruk op de communicatieve aspecten.

In de ochtend van 5 mei 2002 heeft prof. dr. Anne Van der Meiden, hoogleraar communicatiewetenschappen en theoloog, in de St. Jacobskerk in Vlissingen de lezing 'Vrijheid luistert nauw' uitgesproken. Daarbij waren de minister-president en vele andere gasten aanwezig.

Meer informatie op www.4en5mei.nl

Vrijheid luistert heel nauw

Wij waren jonge jongens, toen we in het derde oor-
logsjaar een tableau vivant moesten opvoeren op een
jeugdavond van de kerk. Ik was Vrijheid en mijn
twee vriendjes waren Gerechtigheid en Vrede. Ik
was in een laken gehuld, in mijn opgeheven handen
droeg ik stukjes verbroken ketens. Het had zo mooi
kunnen zijn – als ik niet de ene hoestbui na de andere
had gekregen. Gerechtigheid bonkte mij op de rug,
Vrede keek geamuseerd toe en de zaal genoot. Vanaf
dat moment wist ik dat vrijheid pas gedijt als gerechtigheid en vrede haar trouwe makkers zijn.

Als samenleving is ons er alles aan gelegen om de
vrijheid een grote toekomst te geven. Zij moet haar
heilzame macht en haar duurzame invloed behou-
den om ook nieuwe generaties te inspireren.
Daarom staat dat, letterlijk, onbeschrijfelijke erfgoed dat wij 'vrijheid' noemen vandaag, 5 mei 2002,
centraal. Het is als de zuurdesem in ons bestaan, en
wij willen die vrijheid uitdragen, communiceren tot
zij over de hele wereld nauw gaat luisteren. Maar dan
moeten we wel proberen de vrijheid aan de praat te
krijgen, want ze spreekt niet vanzelf. Overal ter we-

reld wordt de stem van de vrijheid gesmoord of het zwijgen opgelegd.

Vrijheid luistert nauw. Dat wil zeggen, vrijheid is levenswater voor de enkeling en het fluïdum voor een gezonde samenleving. Vrijheid is ook: een zwaar bevochten erfgoed. Maar wat in onze samenleving vanzelfsprekend is, is het niet in andere samenlevingen. In sommige politieke systemen spreekt het juist vanzelf om de vrijheid te beknotten. Daar is ze schaars en duur. Voor ons hier is vrijheid als zout, het is vanzelfsprekend en volop aanwezig. Maar net als zout werkt vrijheid pas goed als ze is opgelost in alle levensverbanden. Ze maakt het leven duurzaam, beschermt tegen bederf wat ons lief is en ontdooit ijzige krachten. Zo is vrijheid ook het zout der aarde.

Als iets 'nauw' luistert, betekent het dat de dingen moeten kloppen en dat dat heel gevoelig ligt. Vrijheid, en de invulling daarvan, vraagt nauwkeurige en betrouwbare helpers. De slogans van dictators en ideologen, die ook de vrijheid prediken, luisteren níet nauw. Zij zijn alleen gericht op handhaving van eigen vrijheden.[1]

'Vrijheid is de geestelijke oorspronkelijkheid van de mens, zijn creatieve zelfontwerp, de diepste spontaniteit en de meest doordachte keuze van zijn bewustzijn.' Zo zei rechtsfilosoof Van der Ven het in 1963.[2] Is vrijheid dus basaal en vanzelfsprekend? Of

juist niet? Waarom luistert die verheven vrijheid toch zo nauw? Wellicht omdat ze altijd weer broos blijkt te zijn, omdat ze nergens *volledig* wordt erkend en omdat ze wordt misbruikt voor eigenbelang en macht. De mens is zelf misschien de grootste natuurlijke vijand van de vrijheid. Het sterkste dat we hebben, maken we zelf zwak en kwetsbaar. Soms raken we in een spagaat: we eisen volledige vrijheid voor onszelf en beknotten die van anderen.

Hoe leren we ouderen, die vrijheden vanzelfsprekend vinden, dat die vrijheden niet meer vanzelf spreken voor jongeren? Hoe vragen we jongeren om mee te helpen dit kostbare goed voor de toekomst veilig te stellen?

De vrijheid heeft een eigen taal, en dus een eigen 'leesplankje'. Het aapnootmies van de vrijheid staat erop, als op een *quilt* van woorden en beelden. Het is een complete taal die je kunt leren door met je vinger langs de plaatjes te gaan. Al lezend groeit dan het idee, het begrip van die Grootst Gemene Deler die we samen 'vrijheid' noemen. Maar iedereen geeft er een eigen inhoud aan, iedereen maakt zijn eigen *quilt*. Dat kan leiden tot Babylonische spraakverwarring en zelfs tot oorlogen. De communicatiewetenschap vat die verschijnselen samen in het begrip 'ruis'. De meeste pogingen om informatie over te dragen, stranden in ruis.

'Communio' of gemeenschap ontstaat pas als zender en ontvanger goed zijn afgestemd, als ze iets beleven dat ze samen kunnen delen. Zo is het ook met het zenden en ontvangen van vrijheidsbood- schappen. Ze kunnen alle mogelijke combinaties van letters van het alfabet bevatten, maar ze klinken in elke moedertaal anders.

Ieder kind krijgt woorden en beelden – aap noot mies en ook hok duif en schapen – tot zijn beschik- king. Maar hoe laat de vrijheid zich zien in herken- bare woorden en beelden? De vrijheidsstrijder ziet wel hok, duif en schapen, maar leest 'stok, kruit, wa- pen'. De visser leest 'aas, boot, riet'. De luiaard leest 'slaap, brood, niets'. Wordt het tijd om jongeren te helpen hun eigen leesplank samen te stellen met daarop alle termen die samen het rijke begrip 'vrij- heid' vormen?

Net als gerechtigheid en vrede heeft vrijheid de missionaire drang in zich om gepropageerd te willen worden in allerlei situaties. Wij moeten vrijheid per- manent propageren, voorleven, vooral laten zien in daden. Propageren is letterlijk 'verbreiden' en 'ver- meerderen', maar oorspronkelijk was het ook een heel nuchtere agrarische term: stekken. Dat betekent een plaats veroveren tussen de oren, er een sprietje poten dat hopelijk uitgroeit tot een sterke plant.[3]

Vrijheid gaat vrijwillig bindingen aan om te ge- dijen. Je kunt gemakkelijk zeggen: je bent vrij om te

wonen waar je wilt, te werken waar je wilt, het onderwijs te volgen dat je wilt, geloven wat je wilt en te reizen waarheen je wilt. Maar overal kom je slagbomen tegen. Overal moet je tol betalen voor tradities, geschiedenis, cultuur en politieke macht. Dat maakt het internationale gebruik van het woord vrijheid uiterst complex. Vrijheid, recht en vrede worden moeiteloos geannexeerd en uitgewisseld, als overrijpe tomaten uitgehold en naar eigen recept gevuld. Allen roepen op tot vrijheid, maar de invullingen ervan rijmen niet met elkaar, 'luisteren' niet naar elkaar.

Vrijheid heeft een eigen identiteit. Die identiteit is dat wat ze ís en wil zijn en zeggen. Vrijheid heeft ook een imago: dat is wat er leeft tussen de oren van mensen. Er is een *geclaimde* identiteit ('onze overtuiging valt samen met vrijheid en waarheid'), een *beleefde* identiteit ('wij beleven de vrijheid vanuit verschillende opvattingen') en een *gegunde, toegekende* identiteit ('wij denken dat u zo over vrijheid denkt of mag denken').

Een moslim claimt iets anders dan een christen, een nazi of een communist. Wie waarheid exclusief claimt, ontneemt de ander het recht zélf waarheid te formuleren. Dat is zonder meer een van de grootste gevaren die de mensheid bedreigen. De onlangs vermoorde Algerijnse terrorist Antar Zouanbri had als

levensdevies: 'Wie niet gelooft moet dood.' Hij luisterde niet, hij sprak. Maar vrijheid bestaat alleen in het luisteren naar elkaar en in het beleven van wederzijds respect. Luisteren is je openstellen door communicatie, om te kunnen meeleven en meedenken.

In een klein land als het onze krijgen diverse belevingen en interpretaties van vrijheid de ruimte. Vanouds kennen we hier rekkelijken en preciezen. Als we ons samen bezinnen op de vrijheden die we genieten, leren we de vrijheden van anderen niet als hinderpaal te zien, maar als verrijking, als bloemen die in dezelfde vaas staan. We gedogen die niet, we tolereren die niet, nee, we kiezen daar 'pro-actief' voor, omdat we ondervinden hoe rijk de synergie is die we samen kunnen opwekken.

Spreek je specifiek tegen jongeren over 'vrijheid' dan moet je er rekening mee houden dat zij in hun levensfase nog weinig stabiliteit hebben ontwikkeld om tegen bepaalde vrijheden ja en tegen andere (dus) nee te zeggen. Zij leven gemakkelijker op de grens van het aanvaardbare, naar hun eigen maatstaven. Iemand die redeneert vanuit de totale vrijheid voor zichzelf en de onbeperkte beschikbaarheid van alles wat het leven aangenaam maakt, kan zich moeilijker een voorstelling maken van andermans beknotte vrijheid.

Wie een boodschap wil overdragen, wil propageren of 'stekken', hanteert de wet van de communicerende vaten. Aan de hoorderskant zitten mensen met verschillende typen 'vat' om de boodschap op te vangen. De maat van hun vat bepaalt de vraag naar informatie. De meesten hebben een eierdopje; zij zijn gauw tevreden met bekende boodschappen, met gedachten die hun eigen keuzen bevestigen.

In de propagandaleer valt de eierdop-ontvangst onder de wachtwoord- of parool-techniek, gekenmerkt door de vereenvoudigingsregel.[4] De idealen van onze eigen 'club' propageren we door one-liners, vereenvoudigde kreten die het resultaat zijn van een 'vernauwd' denken. Er zijn volgelingen die wel degelijk over meer informatie willen beschikken, en die een beker of zelfs een emmer bij zich dragen. Zij vormen de partij-elite, zij weten meer en beter.[5] Ieder vat heeft zo zijn eigen vulling.

Wie het concept 'vrijheid' aan nieuwe generaties wil communiceren, stuit op wetmatigheden, problemen en vragen. De 'eierdopjes' vragen om herkenbare signalen en gemakkelijk uit te wisselen waarheden. Ook zij maken deel uit van netwerken met opinieleiders, en deze 'propagandisten' dragen op hun beurt boodschappen met toelichting uit. Zij zijn eigenlijk de 'webbeheerders'.

Woorden wekken, voorbeelden trekken: dat oude adagium geldt onveranderd. Boodschappen over

vrijheid moeten berusten op concrete voorbeelden uit de praktijk. Vooral jonge mensen kijken graag naar 'leesplank'-voorbeelden, zij ontmoeten het liefst authentieke mensen die een concrete vrijheidsstrijd voeren of hebben gevoerd. De beeldcultuur is daarvoor ontoereikend; het oog in oog vertelde menselijke verhaal reikt verder.

Een lastig probleem is het bij jong en oud voorkomende 'vrijheids-egocentrisme'. Hoe breng je mensen bij dat de vrijheden die ze zichzelf gunnen, schadelijk kunnen zijn voor het belang van anderen? Niets werkt educatiever dan het herhaald laten zien van concrete vormen van vrijheidsberoving, ook in het leven van jongeren. Er zijn genoeg voorbeelden in het verkeer, bij het in- en uitstappen van treinen, in het gebruik van grove taal of onbeschoft optreden op straat en in winkels.

Maar hoe vergroot je de competentie van mensen om de vijanden van de vrijheid aan te wijzen, in zichzelf en in de buitenwereld? Hoe leg je uit dat je soms wel en soms niet tolerant mag zijn tegenover de intoleranten in onze samenleving? Het moge duidelijk zijn: er is behoefte aan een geïntegreerd communicatiemodel op basis van betrouwbare analyses. Maar het verdovende instrumentalisme dat de techniek ons heeft gebracht, moeten we wat relativeren. De glorietijd van folders en blaadjes ligt achter ons; misschien moeten we ons weer toeleggen op verhalen

en sprookjes waarin elementen van vrijheid verscholen liggen. Misschien moeten we allemaal van tijd tot tijd worden geconfronteerd met mensen die uit onvrije landen zijn gevlucht, en met mensen die de vrijheid proberen te handhaven. Misschien moeten me meer reizen en leren kijken of zelfs ondergaan wat het is om in vormen van onvrijheid te leven.

Hoe zeer vrijheid als gemeenschappelijk bezit kan eroderen, merk ik op twee terreinen. In de vrije meningsuiting, of uitingsvrijheid, en in de vrijheden van de burger ten opzichte van de overheid. De manier waarop mensen elkaar moreel bejegenen lijkt te zijn verschoven van een preventieve naar een repressieve opstelling. Het vaststellen van regels die niet overtreden mogen worden, gekoppeld aan duidelijke en streng toegepaste sancties, is deels ingeruild voor repressieve, morele tolerantie: achteraf bepalen we dat iets eigenlijk niet kan of te ver gaat.

Hier en daar klinkt de roep om ommekeer. Een voorbeeld is de recente discussie over publicatie van de geruchtmakende, beledigende column van Amanda Kluveld over Máxima (NRC Handelsblad, 5 februari 2002). Lezers vroegen zich af waarom de hoofdredactie niet had ingegrepen door de column niet te plaatsen. Met andere woorden, moeten de media aan banden worden gelegd? Daar zit niemand op te wachten. Maar in allerlei gesprekken over de

uitingsvrijheid merk ik dat de betrouwbaarheid van een belangrijk deel van de media voor veel mensen niet meer vanzelfsprekend is. De klacht betreft niet het fundamentele recht van uitingsvrijheid, maar de manier waarop gebruikers met het recht omgaan, getuige het kennelijk ontbreken van morele overwegingen vooraf.

Er heerst verwondering over het feit dat de wereld van de media in brede zin weinig in het werk stelt om de eigen betrouwbaarheid te bewaken, en het geschonden imago te herstellen. De media treden niet in discussie met het publiek over hun eigen betrouwbaarheid en imago. Dit is één voorbeeld van een door ons allen gewenste vrijheid die niet meer vanzelf spreekt. Hetzelfde toenemende wantrouwen zien we in andere domeinen van het leven; de 'ontsokkeling' van oude waarden en normen treft ook de wereld van de zorg, de advocatuur, de accountancy en het bedrijfsleven.

Spelen geld, macht en marktaandeel de hoofdrollen in deze verschuiving? Of weegt het steeds zwaarder dat de nieuwe media zich geheel onttrekken aan geschreven en ongeschreven verkeersregels tussen publiek en journalistiek? Moet de conclusie dan maar zijn dat wij geen afspraken meer kunnen maken en dat we de vrijheid volledig de vrijheid moeten geven? Ook als die de vrijheid van anderen schaadt? Of is het doemscenario voor media en publiek nog

dreigender en nemen we straks gewoon helemaal geen kennis meer van al of niet beledigende informatie? We kijken niet meer, we lezen niet meer en glimlachen om kwetsende verhalen. We negeren ze en leggen ze naast ons neer. We sluiten ons veilig af. Ja, non-communicatie lijkt het beste recept tegen persoonlijke vrijheidsberoving.

In 1859 schreef John Stuart Mill zijn befaamde essay 'On Liberty'. Zelden, zegt Mill, wordt vrijheid ter discussie gesteld, terwijl het gevecht tussen vrijheid en gezag (overheid, feodale heersers) sinds mensenheugenis het meest in het oog lopende fenomeen is geweest. Altijd is de aard van de vrijheid afgeleid van de macht van enkelen, en zijn de grenzen ervan door diezelfde enkelen vastgesteld. Aldus, heel kort samengevat, Mill.[6] Eeuwenlang heeft de mensheid zich gevoegd naar dat vrijheidsbeperkende gezag. Toen was er eerst gesmoord gemor, tenslotte kwamen er revoluties.

Onze moderne spagaat is een andere. Wij hebben soms te maken met burgers die alles in het werk stellen om hun geclaimde vrijheid ongehinderd te kunnen uitoefenen, die regels omzeilen of zelfs saboteren. Zij dragen de 'pakkans-moraal' als evangelie uit en heffen de gebalde vuist op naar de overheid met de roep om ingrijpen, regelen. Zie daar weer een spanning tussen de gewenste en de gegunde vrijheid.

Bevrijdingsdag is de dag van de vrijheid, de vrijheid die buitenlandse vrienden ons brachten. Dat feit gaat de plichtmatige herdenking vér te boven. Zeker hebben wij als wereldburgers de plicht overal op te treden tegen allen die de vrijheid bedreigen. En noem dat niet meteen welbegrepen eigenbelang, want dat is een goedkope relativering. Nee, laten we het de jongeren vertellen: toen wij in grote nood zaten, konden we onszelf niet meer bevrijden. Daar waren anderen voor nodig. Kijk goed, ook dat staat op het leesplankje. En laten we, nu we niet met wapens hoeven te strijden, de pantomime van de vrede dansen!

We zitten hier vandaag in de Jakobskerk. Eens schreef een onbekende Jakobus een brief, die later in de bijbel werd gepubliceerd. Jakobus vertelt daarin over de wet van de vrijheid. Een onvrij mens, zegt hij, hoort wel de woorden van God, maar doet er niets mee. Hij lijkt op iemand die in de spiegel kijkt met het gezicht waarmee hij geboren is, en dat levert niets nieuws op. Hij gaat weg en vergeet wat hij zag. Maar, je hebt ook vrije mensen. Jakobus zegt het zo: 'Wie zich buigt over de wet van de vrijheid, zich daarin verdiept en dat blijft doen, niet vergeet wat hij ziet en hoort, maar het in de praktijk brengt, die zal een gelukkig mens zijn.' (Jakobus 1:23-25.) Het woord is ruim 1900 jaar oud, maar het geldt nog. Luid over vrijheid spreken is altijd verdacht. Maar

wie zich verdiept in de wetmatigheden van de bevrijding en dat blijft doen, die zal gelukkig zijn. We hopen vanzelfsprekend dat het er velen zullen zijn.

Noten

1. In de propagandaleer komen we telkens voorbeelden tegen van tot loze termen gereduceerde basiswaarden van het menselijk leven. Analyse van de redevoeringen van Stalin, Hitler en Roosevelt laat zien dat grote container-woorden zoals vrijheid totaal verschillende inhouden dragen. Het doet zich ook voor in grote documenten op het terrein van de internationale betrekkingen en de kerkelijke oecumene.

2. Dr. J. J. M. van der Ven, *De last van de vrijheid*, Utrecht 1963.

3. Voor de betekenis en toepassing van de begrippen propageren en propaganda, zie A. van der Meiden, *Mensen winnen. Ethische aspecten van de relatie tussen apostolaat en propaganda* (diss.) 1972. Voor de geschiedenis van het begrip, zie J. M. Domenach, *Politieke propaganda*, Hilversum 1963, 19 vv.

4. J. M. Domenach, a.w., pag. 19, 47.

5. Hitler bespeelde de massa's, de eierdopjes, met hysterie verpakt in slogans. De communistische agitprop bespeelde de massa's met simpele 'wachtwoorden', maar de verbreiding van de leer verliep via kleine cellen waarin propagandisten werden opgeleid.

6. J. S. Mill, *On Liberty*, Penguin ed. 1978, pag. 59 vv.